# NOTICE



SUR LA

## SOCIÉTÉ DES MISSIONNAIRES D'AFRIQUE

DITS

## PÈRES BLANCS

PROCURE... CIAT DES MISSIONS D'AFRIQUE

MAISON-CARRÉE (ALGER)

—

# NOTICE

SUR LA

## SOCIÉTÉ DES MISSIONNAIRES D'AFRIQUE

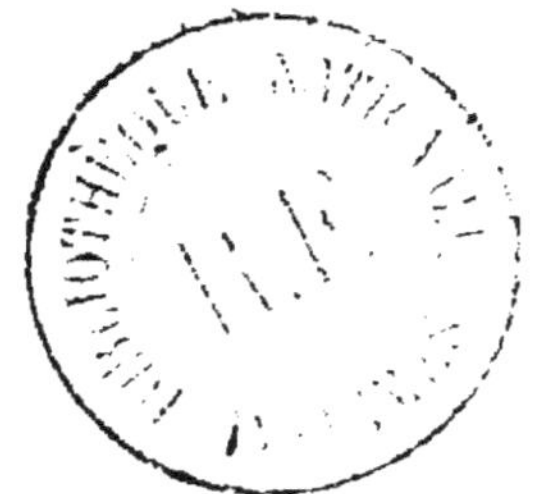

DITS

## PÈRES BLANCS

**AU NOVICIAT DES MISSIONS D'AFRIQUE**

MAISON-CARRÉE (ALGER)

—

# NOTICE



## SOCIÉTÉ DES MISSIONNAIRES D'AFRIQUE



## PÈRES BLANCS

----

Cette notice est extraite tout entière d'une longue lettre que S. Em. le Cardinal Lavigerie adressait à un séminariste, il y a une quinzaine d'années. Elle avait pour but d'éclairer les jeunes gens qui se sentiraient appelés à entrer dans la Société des Missionnaires d'Alger, dits Pères Blancs.

Depuis que cette lettre a été écrite, nos œuvres ont pris des développements considérables, surtout dans l'Afrique équatoriale ; nous y avons, à l'heure actuelle, quatre vicariats et une préfecture apostoliques avec vingt mille chrétiens baptisés et plus de soixante mille catéchumènes.

La Mission de l'Ouganda se distingue entre toutes les autres par le nombre et la ferveur de ses chrétiens, dont plusieurs, en l'année 1886, ont confessé la foi au milieu des plus affreux supplices.

L'heure de la grâce semble donc avoir sonné pour ces pauvres peuples. Mais, pour favoriser un mouvement de conversions si consolant, il faudrait des milliers de missionnaires.

Nous espérons que Dieu inspirera à de nombreux séminaristes de bonne volonté la pensée de venir à notre secours.

C'est pour eux que nous rééditons, en en supprimant quelques passages qui n'ont plus d'actualité, la lettre de S. Em. le Cardinal Lavigerie, notre vénéré Fondateur.

# LETTRE

## DE S. ÉM. LE CARDINAL LAVIGERIE
### Fondateur et premier Supérieur Général

#### DE LA SOCIÉTÉ

### DES MISSIONNAIRES D'AFRIQUE, DITS PÈRES BLANCS

#### A UN SÉMINARISTE DE FRANCE

Mon cher Abbé,

J'ai reçu la lettre que vous m'écrivez relative-
ment à la Société de nos Missionnaires. Je veux
profiter de cette occasion pour répondre aux questions qu'on m'adresse souvent, sur ce même sujet,
et résoudre les doutes qui se présentent à l'esprit
de ceux qui croient sentir, comme vous, l'appel
de Dieu pour nos œuvres africaines.

Vous me demandez tout d'abord si, comme on
vous l'a dit, la Société des Missionnaires d'Alger
n'a plus besoin de prêtres pour ses missions.

Il est vrai que le nombre des missionnaires s'est
assez rapidement accru dans cette Société ; mais
elle est bien loin, comme vous paraissez le penser,
d'après des renseignements inexacts, de se borner

à l'Algérie. Elle l'a fait dans l'origine, mais, aujourd'hui, le champ de ses travaux s'est de beaucoup agrandi : le Saint-Siège lui a successivement confié l'évangélisation du Sahara, du Soudan occidental, de l'intérieur de l'Afrique équatoriale, c'est-à-dire de pays presque aussi vastes que l'Europe et qui renferment une population de près de cent millions d'habitants. Pour un tel apostolat, ce sont des milliers d'apôtres qu'il faudrait, et je ne pense pas qu'aucune société de missionnaires ait, en ce moment, un plus grand besoin de vocations, et de vocations vraiment solides, que la Société des Missionnaires d'Alger.

Ne vous laissez donc pas arrêter par une pensée qui n'a aucun fondement réel. Toutefois, ne vous décidez pas à la légère et lisez attentivement, tout d'abord, ce que je dis dans cette lettre des autres questions qui vous préoccupent à bon droit.

Vous m'interrogez donc, mon cher abbé, sur l'origine de notre Société de Missionnaires, sur ses œuvres actuelles, sur ses règles, sur ses difficultés, sur ses espérances. Voici mes réponses.

I

1° *Origine de la Société des Missionnaires d'Afrique, dits Pères Blancs.* — Elle est née, comme toutes les œuvres qui viennent de Dieu, des nécessités mêmes de la situation de l'Église dans notre Afrique.

Il y avait près de quarante ans que la France était en Algérie, sans avoir songé à répondre aux desseins de Dieu sur elle. La conquête algérienne n'était et ne pouvait être, en effet, dans l'ordre providentiel, que la dernière croisade contre la barbarie musulmane, qui tenait l'Afrique sous le joug, et en fermait les portes au Christianisme. Dieu ne nous avait donné la victoire que parce qu'il nous destinait à porter la vérité et la lumière dans les ténèbres de cet immense continent déshérité et comme oublié depuis tant de siècles.

Non seulement nous n'avions rien fait pour répondre à cette mission, mais encore on avait vu notre pays interdire, par la voix des autorités algériennes, toute prédication de l'Évangile.

En 1867, deux fléaux terribles, la famine et la peste, vinrent subitement changer cet état de choses et créer des devoirs nouveaux aux apôtres de l'Évangile. Ces fléaux, en frappant des milliers de victimes, laissèrent après eux d'innombrables orphelins. Le clergé catholique les recueillit, leur servit de père, et, au spectacle de tant de charité, les yeux de ces enfants commencèrent à s'ouvrir. Ils comprirent que, seule, la Foi véritable pouvait créer un semblable dévouement, surtout lorsqu'ils le comparaient à l'abandon et à la cruauté sauvage dont ils étaient les victimes, de la part des musulmans.

Le Pape Pie IX, de glorieuse et sainte mémoire, n'hésita pas à voir dans ces œuvres le commencement de l'apostolat catholique par la France, dans des régions jusqu'alors si stériles. Voici les principaux passages du bref qu'il écrivait à cette occasion :

« *A notre Vénérable Frère Charles, archevêque d'Alger, Pie IX, Pape.*

» Vénérable Frère, salut et bénédiction apostolique.

» Si nous sommes profondément affligé des fléaux multipliés qui frappent votre diocèse, et si nous gémissons du sort de votre peuple, des peines et des fatigues que vous devez supporter, nous éprouvons aussi une véritable consolation, lorsque nous voyons, au milieu de tant d'adversités, briller d'une manière admirable la lumière et la vertu de la charité chrétienne ; lorsque nous voyons tant de bienfaits considérables préparés à la religion et à la société elle-même par votre zèle pastoral, votre générosité et votre courage.

» Sans doute, d'après le précepte formel du Seigneur, l'Évangile doit être prêché à votre peuple comme à tous les autres, mais ses mœurs, sa religion, ses luttes fréquentes contre votre nation opposaient à l'apostolat un obstacle presque insurmontable.

» Pour renverser cet obstacle, le Dieu des miséricordes a voulu qu'après tous les malheurs qui ont frappé les Arabes, ils fussent secourus par la charité chrétienne des Français et, éprouvant ainsi par eux les bienfaits d'une religion divine, ils apprissent à l'aimer avant même de la connaître.

» Vous ne pouviez ni mieux ni plus efficacement répondre à ce dessein providentiel, qu'en vous prodiguant partout, constamment, où la famine, la maladie, la mort réclamaient votre sollicitude et celle de vos auxiliaires ; qu'en ouvrant généreusement des asiles aux vieillards infirmes, aux veuves délaissées, aux enfants abandonnés, et en leur procurant tous les secours d'une charité paternelle.

» Nous ne pouvons donc garder le silence, et nous voulons vous décerner, pour ces œuvres éclatantes, les louanges que vous méritez, vous, les prêtres, les religieux, les sœurs de votre diocèse, qui, secondant votre zèle, n'ont rien omis pour soulager tous les infortunés, et, martyrs de la charité, n'ont pas hésité à accepter la mort elle-même pour secourir leurs frères.

» Il est impossible que ce peuple, auquel vous avez si clairement prouvé la loi de la charité que le Christ nous a léguée, il est impossible que ce peuple ne comprenne pas désormais « que vous êtes vraiment ses disciples, » et ainsi pendant que « vous avez rendu gloire à votre Père qui est dans les cieux, » vous avez prêché son Évangile à cette nation infidèle, avec plus d'éloquence certaine-ment, et avec plus de puissance que vous n'auriez pu le faire par vos paroles.

» Quant aux enfants que vous avez arrachés des bras de la mort, que vous nourrissez, que vous vêtissez, que vous formez à la pureté des mœurs, à la justice, au travail des champs, comment n'aimeraient-ils pas désormais la nation et la foi auxquelles ils devront tout, et leur existence elle-même ? Comment, devenus par le travail les sou-tiens de leurs familles et retournés au milieu d'elles, ne pourront-ils pas incliner, par leur présence, leurs œuvres, leurs paroles, l'esprit des leurs vers la religion, vers le peuple dont ils ont reçu tant de bienfaits ?

» Ce n'est donc pas seulement de la religion,

mais encore de la France, que vous et les vôtres avez bien mérité, lorsque, par les œuvres touchantes de la charité chrétienne, vous avez certainement plus fait, pour lui attirer les cœurs, qu'on n'eût pu le faire par des torrents de sang, des dépenses énormes et des travaux d'un grand nombre d'années.....

» Persévérez donc avec confiance dans votre entreprise, et que les obstacles ne fassent qu'augmenter votre courage; car c'est au milieu des obstacles que les œuvres de Dieu ont coutume de marcher et de se fortifier.

» Avec l'appui de Dieu, ni la grâce, ni la force, ni les moyens matériels nécessaires pour achever votre œuvre ne manqueront ni à vous, ni aux vôtres.

» Nous vous souhaitons ces choses, de tout cœur, et, comme gage de la faveur divine et de notre bienveillance particulière, Nous donnons avec tendresse notre bénédiction apostolique à vous, vénérable Frère, à tous ceux qui soutiennent votre très excellente œuvre et à tout votre diocèse.

» Donné à Rome, près Saint-Pierre, etc.

» PIE IX, PAPE. »

Ces paroles semblaient prophétiques. En effet, la Société des Missionnaires d'Alger, fondée en 1868, est née comme d'elle-même, des charges imprévues que nous imposait la terrible famine de 1867. Le Clergé de la colonie, élevé dans la pensée qu'il ne lui serait jamais permis de nouer des relations, même de simple charité, avec les indigènes, n'avait pas appris leur langue; je cherchais donc vainement, dans son sein, des prêtres qui pussent se charger de la direction de nos orphelinats arabes, et je regrettais de ne pas trouver une société d'hommes apostoliques, qui pût venir à mon aide. Un jour que j'avais médité sur ces pensées, je vis entrer chez moi le Supérieur de notre Grand Séminaire de Kouba, le respectable M. Girard, celui que le Clergé algérien, formé tout entier par ses soins, appelait le *Père éternel*, à cause de sa vieillesse et de son aspect vénérable. Il soupirait, lui aussi, depuis son arrivée dans la colonie, c'est-à-dire depuis près de quarante années, après le moment où il serait enfin permis au Clergé de s'occuper, avec toute la sagesse désirable, des indigènes de l'Afrique. Il lui semblait qu'en ouvrant par les armes de la France chrétienne les portes de ce grand continent, la Providence lui imposait l'obligation d'y porter la charité et la justice, c'est-à-dire l'Évangile de Notre-

Seigneur. Il savait que je partageais ses pensées et que c'était l'espérance de les voir réalisées qui m'avait fait abandonner un Siège épiscopal de France pour un Diocèse de mission. Ce jour-là donc, le vénérable fils de saint Vincent de Paul, digne en tout d'un tel père, entrant chez moi avec trois élèves de son séminaire, me dit :

« Voici des jeunes gens qui viennent s'offrir à vous pour l'apostolat africain. Avec la grâce de Dieu, ce sera le commencement de l'Œuvre que nous avons désirée. »

Je le vois encore, courbant sa tête blanche, s'agenouillant avec ses trois Séminaristes, et me demandant de bénir et d'accepter leur dévouement. Je les bénis, en effet, plein à la fois d'étonnement et d'émotion, car je n'avais été prévenu de rien, et cette offre, qui répondait à mes préoccupations, me paraissait comme surnaturelle. Je les relevai, je les fis asseoir, je les interrogeai longuement; j'opposai, comme je le devais, toutes les objections possibles. Ils y répondirent, et mon consentement fut enfin donné pour un essai, à titre d'épreuve.

C'est ainsi que l'Œuvre a commencé bien humblement par les éléments en apparence les plus faibles : un vieillard déjà près de la tombe, trois jeunes gens, trois enfants qui entraient à peine dans la vie.

J'étais incapable, je l'ai déjà dit, de m'occuper moi-même de l'œuvre de leur formation, et il fallait cependant, pour une vocation spéciale, les séparer du Grand Séminaire. La Providence me fournit tout elle-même, en envoyant à Alger, pour y chercher un climat plus doux, deux saints Religieux, morts tous les deux aujourd'hui. L'un appartenait à la Compagnie de Jésus, l'autre à la Société des Prêtres de Saint-Sulpice. Ils me demandaient, en ce moment même, une occupation compatible avec leurs forces ébranlées. Je leur confiai nos trois Séminaristes, dans une pauvre maison de louage, située sur les hauteurs d'El-Biar, qui dominent Alger vers le sud.

Là autrefois, l'armée française, venant de Staouéli, força ce vieux nid de pirates musulmans à mettre fin à la lutte et à ouvrir au monde civilisé les portes de la barbarie. Tel fut le premier noviciat. Je le rappelle, parce que je suis touché, et vous le serez, je pense, comme moi, de voir réunis, autour du berceau de nos Œuvres africaines, un fils de saint Vincent de Paul, l'apôtre de la charité, un fils de saint Ignace, l'apôtre de la foi, un fils du vénérable M. Ollier, l'apôtre de la sainteté ecclésiastique, comme pour indiquer par avance à nos Missionnaires les trois vertus les plus nécessaires à leur apostolat.

Ces commencements durèrent une année. Depuis, un autre Religieux de la Compagnie de Jésus, un homme de Dieu, lui aussi, dont je n'écris le nom qu'avec vénération et reconnaissance, le R. P. Terrasse, prit la direction du Noviciat définitif. Enfin, après six ans, les Missionnaires, dont la Règle est aujourd'hui autorisée par le Saint-Siège, et la Société reconnue par l'Etat, se gouvernèrent eux-mêmes par des Supérieurs choisis dans leur sein, sous mon autorité paternelle. Leur maison-mère est à la Maison-Carrée, près d'Alger.

Leur nombre s'est multiplié. Ils comptent, en effet, plus de cent prêtres et un certain nombre de Frères. Aujourd'hui, le Noviciat des Frères et des Pères, le Scolasticat et l'École apostolique, où se préparent les futurs Missionnaires, ne renferment pas moins de deux cent trente postulants (1).

## II

2° *OEuvres actuelles de la Société*. — Les premières œuvres de la Société ont été, comme

---

(1) A l'heure actuelle, décembre 1893, la Société compte 306 Pères ou Frères ayant fait le serment, 75 Pères ou Frères novices ayant pris l'habit, 28 aspirants, au séminaire de philosophie; 193 élèves dans nos écoles apostoliques ou postulants frères.

je l'ai dit, les orphelinats et les institutions charitables en faveur des musulmans de l'Algérie. Peu à peu, elles ont pris un développement plus considérable, et, aujourd'hui, notre Société a des établissements dans le Sahara, dans la Tunisie, dans l'Afrique équatoriale.

Voici quelle est la nature de ces divers établissements :

En Algérie, les orphelinats ont donné naissance à des villages d'Arabes chrétiens ; on a marié ensemble, lorsqu'ils sont parvenus à l'âge d'homme, les jeunes gens et les jeunes filles élevés dans ces asiles.

En dehors des villages, les Missionnaires ont, en Kabylie, des stations de missions proprement dites. Ils y gagnent la confiance et l'affection des indigènes par l'exercice de la charité, principalement auprès des malades et des pauvres. Ils y font l'école aux petits enfants que les parents leur confient. Je dois ajouter que les Missionnaires ne sont plus actuellement établis dans aucune des paroisses européennes de l'Algérie.

Dans le Sahara comme dans la Kabylie, l'apostolat s'exerce par la charité et par l'instruction des enfants.

En Tunisie, la Société des Missionnaires d'Alger accomplit les mêmes œuvres qu'en Algérie. De plus, elle est chargée de desservir le sanctuaire élevé sur les ruines de Carthage, au lieu même où la tradition place la mort de saint Louis.

Dans l'Afrique équatoriale, le champ le plus vaste est ouvert à son zèle. Elle a été chargée par N. S. P. le Pape Léon XIII de la fondation de quatre vicariats apostoliques (1), dont l'étendue égale presque un tiers de l'Europe. Les maux qu'elle doit y combattre sont en proportion de l'étendue territoriale et de la population de ces missions nouvelles. L'idolâtrie y règne en souveraine. L'esclavage, cette plaie hideuse de l'Afrique, y exerce toutes ses horreurs.

Tels sont les maux que nous sommes appelés à guérir, car la Société de nos Missionnaires ne doit pas, ainsi que vous le savez, borner ses travaux à l'Algérie. L'Algérie n'est que la moindre partie du vaste champ qu'elle est appelée à défricher. Elle doit pénétrer dans l'intérieur ; elle y a déjà pénétré ; elle y prêche ouvertement l'Evangile ; et l'a arrosé de son sang.

Non contents de prêcher l'Evangile aux adultes, nous rachetons, dans l'intérieur, les pauvres en-

---

(1) Depuis, la Propagande nous a confié la préfecture apostolique du Nyassa.

1...

fants nègres qui y sont en servitude. Nous en rachèterions bien davantage encore, si nous avions les ressources nécessaires. Chacun d'eux nous coûte, en moyenne, cent francs. Une fois rachetés, nous les rendons à la liberté, nous les élevons, nous en ferons un jour, s'il plaît à Dieu, des hommes, des hommes utiles, des apôtres ayant une double horreur des calamités qui dévorent leur race et du commerce infâme des créatures humaines, qui est la plus grande de ces calamités.

A Jérusalem, par exception (1), la Société a été chargée, par le Saint-Siège, de desservir les sanctuaires de Sainte-Anne et de l'Immaculée-Conception de la Très Sainte Vierge. C'est la maison où, d'après la tradition constante de l'Église de Jérusalem et de tout l'Orient, cette Vierge bénie non seulement a habité durant son enfance, sous la conduite de sa sainte mère, ce que personne ne conteste, mais encore est née et a été conçue sans péché.

---

(1) En dehors de l'Afrique et de Sainte-Anne de Jérusalem, nous n'avons que les maisons strictement nécessaires au fonctionnement de la Société, au recrutement et à l'éducation de ses membres.

## III

*Règles de la Société des Missionnaires.* — Vous désirez les connaître, au moins en abrégé. Vous avez raison; car, quelles que soient les œuvres accomplies par une société religieuse, elles sont peu de chose en comparaison des règles qui la forment et la dirigent : « *Qui regulæ vivit, Deo vivit.* »

Je ne puis, évidemment, tout vous dire ; il faudrait reproduire ici la règle tout entière. Je me contenterai donc de vous en rapporter les points essentiels, en ajoutant que cette règle a été soumise à l'examen du Saint-Siège, qui l'a louée et approuvée.

CARACTÈRE PROPRE DE LA SOCIÉTÉ. — Cette petite Société est une Société de Clercs séculiers voués aux Missions d'Afrique, vivant en communauté, pratiquant la même règle, liés entre eux à l'œuvre commune par le serment de se consacrer aux Missions d'Afrique, selon les règles de la Société et sous l'obéissance des Supérieurs.

Les Missionnaires s'efforcent de prendre pour modèles les Apôtres que Notre-Seigneur réunit autour de lui, durant sa vie mortelle. Ils se forment, sous la conduite et la grâce de ce divin

Chef, à toutes les vertus chrétiennes et apostoliques, et, en particulier, à l'amour de Dieu et à celui des âmes ; et, après s'être sanctifiés eux-mêmes, ils deviendront coopérateurs de Dieu pour répandre sur les brebis perdues, auxquelles ils sont envoyés, la vie divine qui est en eux.

Leur vie est donc une vie de sainteté, de mortification, de zèle. Ils doivent se faire tout à tous, pour gagner les âmes à Jésus-Christ et à son Église, et ne reculer devant aucune peine, pas même devant la mort, lorsqu'il s'agit d'étendre le règne de Dieu.

ADMISSION DANS LA SOCIÉTÉ ET ENGAGEMENT ENVERS ELLE. — Nul ne peut être admis à l'épreuve dans la Société avant l'âge de seize ans révolus. Les enfants plus jeunes seront placés dans des écoles préparatoires qui portent le nom d'Écoles Apostoliques.

Nul, sauf des cas exceptionnels qui sont soumis à la décision du Conseil, ne peut être admis au Noviciat, s'il n'a terminé ses études au moins jusqu'à la philosophie inclusivement (1).

---

(1) Les jeunes gens qui se présentent au sortir de la rhétorique, sont reçus et placés à notre École de Philosophie qui est distincte de l'École apostolique et se trouve actuellement près du Sanctuaire de Notre-Dame d'Afrique. Ils devront adresser leur demande d'admission au Père Supérieur du Séminaire de Philosophie des Pères Blancs, à Notre-Dame d'Afrique, près Saint-Eugène, département d'Alger.

Tous ceux qui se présentent, soit laïques, soit clercs, soit prêtres, doivent faire régulièrement deux années de Noviciat. Une année entière se fait au Noviciat, et l'autre au Scolasticat pour ceux qui ne sont pas prêtres ou dans une maison d'enseignement pour ceux qui sont prêtres, sauf, pour ces derniers, le temps des vacances qu'ils devront passer au Scolasticat ou au Noviciat.

Durant ce temps, ils s'appliquent, sous la conduite des Supérieurs, à se corriger de leurs défauts et à se former aux vertus apostoliques et principalement à l'obéissance.

Ils ne font point, pendant la première année du noviciat, où ils seront absolument séparés de tous les missionnaires, sous la conduite du Père Maître, d'autres études que celles des langues indigènes et de la sainte Écriture.

Si, d'après le jugement du Supérieur du Noviciat et celui du Supérieur général assisté de son Conseil, ils sont reconnus dignes d'être admis dans la Société, à la fin de leurs deux années de noviciat, les Missionnaires, après avoir fait une retraite de huit jours pleins, dans un complet silence, s'engagent à l'Œuvre par le serment suivant :

« Moi, N. N..., fais serment sur les saints

» Évangiles, de me consacrer désormais et jus-
» qu'à la mort à l'Œuvre des Missions d'Afrique,
» selon les règles et constitutions de la Société
» des Missionnaires séculiers d'Alger, placés sous
» la protection de Notre-Dame des Missions
» d'Afrique.

» Je promets et jure soumission aux Supé-
» rieurs de ladite Société, pour tout ce qui con-
» cerne les emplois auxquels ils me nommeront
» et la manière de les remplir, selon les règles de
» la même Société. »

Ce serment, écrit de la main du novice, est signé par lui sur les marches de l'autel, et ensuite remis au Secrétaire de la Société des Missionnaires pour être conservé dans les archives. Il est fait en ce sens que le Supérieur général peut, après avoir pris l'avis du Conseil et conformément à cet avis, en relever pour les motifs canoniques qu'il trouve suffisants.

Après la première année de noviciat achevée, ceux qui n'ont pas fait ou terminé leur théologie sont appliqués à l'étude de cette science, dans le Séminaire ou Scolasticat spécial de la Mission, qui est distinct du Noviciat de première année.

La durée des études du Scolasticat est de trois ans.

Une fois le serment prononcé, on est membre de la Société, qui contracte elle-même des engagements vis-à-vis du Missionnaire et ne peut plus le renvoyer que pour une faute grave ou une inaptitude reconnue à la vie régulière et apostolique, et par une décision motivée du Conseil.

De son côté, un Missionnaire ne peut, sans se rendre très gravement coupable devant Dieu, employer, pour être délié de son serment, de faux prétextes ou des moyens frauduleux.

Pour les Missions, nous nous contenterons de mentionner les points fondamentaux suivants :

1° JAMAIS DANS AUCUN CAS ET SOUS AUCUN PRÉTEXTE, QUEL QU'IL SOIT, LES MISSIONNAIRES NE POURRONT ÊTRE HABITUELLEMENT MOINS DE TROIS ENSEMBLE, PÈRES OU FRÈRES, LORSQU'ILS IRONT EN MISSION. ON REFUSERA, POUR NE PAS MANQUER A CETTE RÈGLE, LES OFFRES LES PLUS AVANTAGEUSES, LES PLUS URGENTES, ET ON RENONCERA PLUTÔT A L'EXISTENCE DE LA SOCIÉTÉ QU'A CE POINT CAPITAL.

2° Dans toutes les Missions, il y aura une pharmacie où l'on distribuera gratuitement des médicaments aux malades et où on pansera leurs plaies.

3° Dans toutes les Missions, les Pères se réuniront chaque semaine, à un jour fixé, pour tenir conseil sous la présidence du Supérieur local.

4° Des conférences de théologie auront lieu tous les quinze jours, à un jour fixé une fois pour toutes, dans chaque Mission. Tous les Missionnaires de la Station seront tenus d'y assister.

Les questions à résoudre dans ces conférences seront indiquées par le Conseil et extraites des traités qui font l'objet des examens de l'année.

Dans toutes les questions de morale et de dogme, on n'aura jamais d'autres règles que les décisions et les indications du Saint-Siège Apostolique, et l'on considérera la soumission absolue et le dévouement au Souverain Pontife comme la première gloire et le caractère propre de cette petite Société.

5° Tous les Missionnaires sont, après leur ordination au Sacerdoce, astreints à des examens de théologie, tellement combinés qu'ils revoient, en dix ans, deux fois complètement, tous les traités de théologie dogmatique et morale.

Ces examens seront de deux sortes, *oraux* et *écrits*.

Les examens oraux se passeront, tous les ans, à l'époque de la retraite et avant l'ouverture de celle-ci. Ils auront lieu devant une commission de Missionnaires nommés par le Conseil.

Les examens écrits consisteront en des tableaux analytiques ou synoptiques, des traités sur lesquels les examens devront être passés à la fin de l'année. Ils seront envoyés, tous les trois mois, à la commission nommée à cet effet par le Conseil.

6° Pour l'ordre intérieur, la division des occupations et des ministères, les permissions à demander et tout le reste de la vie commune et de la vie apostolique, les Missionnaires sont placés sous l'autorité du Supérieur local, auquel ils doivent obéir, en tout, comme au représentant de Dieu.

DE L'ORDRE DES JOURNÉES POUR LES MISSIONNAIRES. — Le lever a lieu à cinq heures. Ce point est très important et vivement recommandé à tous les Missionnaires.

L'oraison suit le lever et la prière, elle dure trois quarts d'heure, en y comprenant la prière vocale. On la fera en commun.

Les Missionnaires font eux-mêmes leur lit, leur chambre, travaillent à maintenir l'ordre et la propreté dans la maison.

Les heures de la visite au Très Saint Sacrement, de la lecture spirituelle, de l'examen particulier et des repas, ainsi que le temps à consacrer aux études de l'Écriture sainte, de la théologie et des langues indigènes, sont fixées par le règlement particulier de chaque maison, conformément aux exigences de leurs diverses situations.

Le coucher a lieu à neuf heures.

Le silence sera rigoureusement observé, dans toutes les maisons, en tout temps, sauf celui des récréations et des emplois où il sera nécessaire de parler.

On n'indique ici que les points capitaux et on ne détaille pas l'ordre des journées, afin que la règle reste applicable à toutes les situations où se trouvent les Missionnaires. Mais ceux-ci doivent remplir saintement leur temps, en en fixant eux-mêmes l'emploi par un règlement particulier, et, dans chaque maison ou Mission, on adopte un ordre précis de journée qu'on fait approuver par le Supérieur général, ou par le Visiteur.

De la vie matérielle dans la Société. — Quoique la vie matérielle et les principes qui doivent la diriger soient accessoires dans la Société, cependant les règles en déterminent les points essentiels, afin que, d'une part, il y ait uniformité, et que, de l'autre, le bien soit rendu plus facile.

L'esprit qui préside à tout est de se rapprocher, autant qu'on le peut, du genre de vie des indigènes. Sans cela, la Mission ne serait plus possible ; tant parce qu'on ne pourrait, dans bien des lieux, se procurer les choses nécessaires, que parce qu'il faudrait les payer, partout, à un tel prix que les ressources de la Mission seraient bientôt épuisées.

Nous allons donc énumérer succinctement ce qui regarde le logement, l'ameublement, le vêtement, la nourriture, la langue dont se servent les missionnaires, faisant observer que l'on détermine ici ce qu'il n'est point permis de dépasser, mais laissant la liberté de se renfermer, pour ce qui regarde les choses personnelles, dans une plus étroite limite, si la santé le permet. Sans mortification, en effet, il n'y a pas de vertu véritablement apostolique.

VÊTEMENT. — Le vêtement et le linge de chacun appartiennent en propre aux Missionnaires. Il n'y a pas de lingerie commune.

Dans les missions intérieures de l'Afrique du Nord, le vêtement est celui des indigènes. Il se compose :

D'une robe ou gandoura et d'un burnous; le tout en étoffe blanche;

D'un rosaire sans chaîne, autour du cou, et terminé par une croix formée par les grains mêmes du chapelet;

D'une chéchia en laine rouge;

Les bas sont blancs.

On tient compte, pour la forme des souliers, des usages et exigences des diverses localités.

Dans les paroisses européennes de l'Afrique du Nord, ou des autres pays, les Missionnaires porteront le chapeau ecclésiastique. Ils pourront, si cela est jugé nécessaire, porter sur leur habit blanc, un surtout noir, comme les ecclésiastiques séculiers.

L'uniformité existe dans le costume entre tous les Missionnaires, selon les divers lieux où ils se trouvent, et les Supérieurs ne permettent pas qu'il y soit changé quoi que ce soit par les particuliers.

Les Missionnaires prennent l'habit de la Société dès le noviciat, immédiatement après la retraite qu'ils font lors de leur entrée. Ils ne le quittent plus, ensuite, sans la permission expresse de leurs Supérieurs.

ALIMENTATION. — Elle est saine et suffisante,

mais pauvre et composée des produits du pays.

Les Missionnaires se souviendront qu'ils vivent d'aumônes, et que leur pain leur est donné par de pauvres catholiques qui prennent, pour cela, sur leur nécessaire.

Leur vie devant être, par elle-même, une rude et perpétuelle pénitence, ils n'ont point d'autres jours de jeûne et d'abstinence que ceux commandés par l'Église.

Dans les Maisons où il y a trois Missionnaires prêtres, on lit, durant le repas, quelque livre qui ait trait à l'Afrique ou aux Missions. Chacun des trois Missionnaires lit alors à son tour. Dans celles où il n'y a qu'un moindre nombre de Missionnaires prêtres, on lit, au commencement du repas, un chapitre d'Écriture sainte et, à la fin, un chapitre de l'Imitation.

En cas de maladie, on donne aux malades tout ce qui leur est nécessaire ; mais on ne garde pas les novices en probation, s'ils sont habituellement malades et s'ils ont besoin d'un régime à part pendant leurs deux années de Noviciat.

ENTRETIEN. — Les Missionnaires ne font point vœu de pauvreté, mais ils doivent cependant pratiquer cette vertu tout apostolique, se rappelant que l'argent inutilement dépensé est autant d'enlevé aux œuvres de la Mission et, par conséquent, au rachat des âmes.

C'est la Mission qui se charge, comme il a été dit, de leur logement, ameublement et frais de nourriture.

Le vêtement, le blanchissage, l'achat des livres restent à la charge personnelle de chacun, mais ceux qui sont prêtres et se sont acquittés des dettes contractées par eux pendant le temps du noviciat ont pour cet usage la libre disposition de tous leurs honoraires de Messes que la Mission leur fournit, s'ils ne préfèrent se les procurer.

Quant à ceux qui ne seraient pas encore prêtres, ils devraient se fournir eux-mêmes de vêtements, pendant l'année du noviciat. S'ils ne le peuvent pas en conscience, la Mission les leur fournit.

C'est la Mission ou la Maison à laquelle appartient le Missionnaire qui fait les frais des voyages, même de peu d'étendue, entrepris pour l'Œuvre et par l'ordre exprès du Supérieur.

Je ne vous parle pas de ce qui regarde le gouvernement de la Société des Missionnaires; il ressemble, à peu de chose près, à ce qui se pratique dans les autres congrégations. Ce sont les Missionnaires qui élisent le chapitre. C'est le chapitre qui nomme le Supérieur général et son

Conseil, et le Supérieur général qui nomme, à son tour, les supérieurs locaux. Je ne vous parle pas non plus des moyens particuliers de sanctification, comme sont : la retraite annuelle, qui dure huit jours entiers et se fait complètement en silence ; la retraite du mois et les autres exercices de piété. Mais, j'attire votre attention sur trois points spéciaux qui ont une vraie importance et qui sont particuliers à la Société des Missionnaires d'Alger.

Le premier est qu'on n'y fait point de vœux de religion, mais un simple serment de stabilité et d'obéissance, dont le Supérieur peut relever, pour les motifs qu'il juge suffisants, d'accord avec son Conseil.

Le second est que les Missionnaires ne sont jamais isolés, dans les Missions, ce qui pourrait être une cause de découragement et de chute. Ils sont toujours au moins trois ensemble, de façon à pouvoir se soutenir et s'animer réciproquement dans la pratique des vertus apostoliques.

Le troisième est que les Missionnaires conservent la libre disposition de leurs honoraires de messes, sur lesquels ils n'ont à payer que leurs vêtements, et qu'ils peuvent ainsi venir, s'ils le veulent, au secours de leur famille, qui les a élevés souvent en s'imposant de durs sacrifices.

## IV

*Difficultés, souffrances et espérances de nos Missionnaires.* — Il ne faut pas se dissimuler qu'une Mission comme celle de l'Afrique, et particulièrement de l'Afrique intérieure, présente des difficultés, des souffrances et des périls.

La première cause de souffrance vient du climat, dur à supporter pour les constitutions européennes.

La seconde cause est le changement d'alimentation, surtout dans l'intérieur. On y est privé de la plupart des choses auxquelles nous sommes habitués en Europe. On n'y a souvent ni pain, ni vin, ni légumes; et les fruits y sont tout différents. Je ne parle pas de la nécessité de coucher le plus souvent sur la dure; on s'y fait aisément, et on y dort bientôt, surtout la fatigue aidant, aussi bien que dans un bon lit.

A côté des causes de souffrances matérielles, il y en a d'autres certainement plus pénibles pour le Missionnaire, principalement dans le commencement d'une mission. C'est toujours, en effet, une œuvre longue et difficile, que de changer un peuple et de l'amener de l'erreur à la vérité, du vice et de la barbarie à la civilisation et à la vertu. Si donc le Missionnaire arrive avec des illusions trop communes aux natures généreuses, s'il croit qu'il lui suffira de se montrer pour entraîner ceux qui l'écouteront, de leur parler pour les convertir, il se heurtera bientôt à des mécomptes qui le jetteront dans le découragement. A ce mal, il n'y a qu'un seul remède, c'est l'appui de Dieu sollicité par la prière, et la ferme persuasion que ce qui est demandé au Missionnaire, ce n'est pas tant le succès que la fidélité à ses saints devoirs. Avec cela on soutient, jusqu'au bout, le bon combat dont parle saint Paul, et lors même que, dans tout le cours d'une vie, on n'aurait sauvé que quelques âmes, on reçoit de Dieu la même récompense que les apôtres qui, grâce au don des miracles, ont converti des multitudes.

Mais je dois ajouter que toutes ces souffrances ont leurs compensations, et quelques-unes au centuple. Au point de vue matériel, si la vie africaine est dure sous plusieurs rapports, elle est séduisante sous beaucoup d'autres. Ceux qui ont connu le ciel pur de l'Afrique, sa lumière étincelante, tout ce qu'elle présente de majestueux et de pittoresque, ne peuvent plus s'en détacher. Les hauts plateaux de l'intérieur sont remarquables de fertilité, de grandeur, de salubrité même, et les récents explorateurs s'accordent à dire qu'il n'y a pas de pays plus riches et plus admirables sous le soleil. Au point de vue spirituel, la moisson s'annonce très abondante, dans l'Afrique équatoriale, pour les prédicateurs de l'Évangile. Si donc le cortège de périls que je viens d'énumérer est plus effrayant, les consolations sont aussi plus grandes, et l'on y peut dire avec saint Paul : *Superabundo gaudio in omni tribulatione nostra.*

C'est vraiment, du reste, cette joie intérieure qui vient de la souffrance même supportée pour l'amour de Notre-Seigneur, de la conscience de travailler à l'extension de son règne, dans les autres et en soi-même, qui fait la supériorité de la vocation du Missionnaire sur celle du prêtre des pays chrétiens. Sa vie, ses horizons, ses ineffables espérances sont tout autres. S'il a des épreuves à traverser, il a, du moins, de grandes choses à faire. S'il souffre de privations matérielles, il ne connaît ni les petites misères, ni l'ennui, ni les vulgaires préoccupations qui, trop souvent, assaillent un pauvre prêtre, dans nos paroisses d'Europe ; il peut, par moments, s'attiédir sans doute, mais il a, du moins, la joie de se rendre ce témoignage, qu'un jour il a fait à Dieu le sacrifice héroïque de tout ce qui lui était cher, de ses habitudes, de ses affections, de sa vie même ; et il sait qu'il travaille pour un maître qui ne se laisse point vaincre en générosité.

Voilà, mon cher abbé, ce que je crois devoir vous dire pour répondre à vos demandes. Je n'y ajouterai plus qu'un seul mot :

Examinez bien tout d'abord si Dieu vous appelle intérieurement à l'apostolat. C'est la condition première. Car si vous ne cédiez qu'à quelque imagination frivole, si vous ne cherchiez qu'un moyen, plus conforme à vos goûts naturels, de dépenser l'activité de votre jeunesse dans des entreprises extraordinaires, défiez-vous de vous-même et ne courez pas à des périls où la vie de votre âme se trouverait aussi exposée peut-être que celle de votre corps. Mais êtes-vous énergiquement déterminé à vous sanctifier par la patience, par la souffrance, par le sacrifice de tout vous-même et de votre sang, s'il le faut ? Venez, après vous être éclairé par la prière et par les avis d'un sage directeur ; vous trouverez certainement en Afrique, aussi bien que dans n'importe quel pays de mission, le moyen de rendre votre vie utile pour la gloire de Dieu.

S'il vous faut d'autres détails, adressez-vous au R. P. Supérieur du Noviciat, *à la Maison-Carrée, près Alger (Algérie)* ; il se fera un plaisir de vous donner tous les renseignements que vous lui de-manderez.

Je prie Dieu de vous éclairer, et je me dis, avec les sentiments les plus paternels, mon cher abbé, tout à vous de cœur, en N.-S.

### † CHARLES, CARDINAL LAVIGERIE,

Archevêque de Carthage et d'Alger, Délégué apostolique, fondateur et supérieur général.

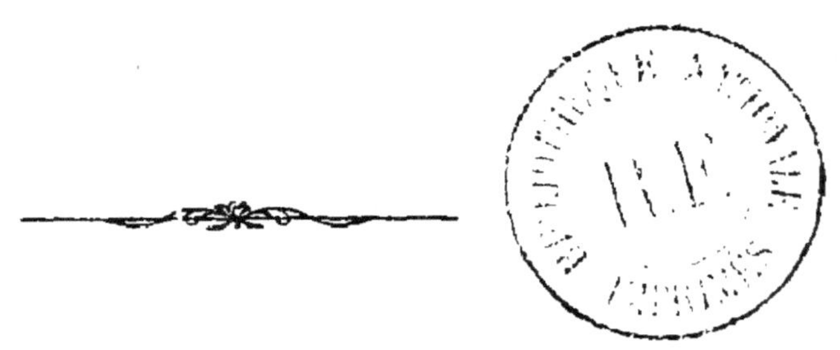